LE COURONNEMENT *D'UN ROI.*

Gohier

AVERTISSEMENT.

AI-JE tort de céder au zele qui m'entraîne ?
HENRI QUATRE & TITUS ont paru ſur la Scene.

LE COURONNEMENT D'UN ROI,

ESSAI ALLÉGORIQUE, EN UN ACTE ET EN PROSE,

Suivi d'un Vaudeville.

Par un Avocat au Parlement de Bretagne. Rolin

. . . . . . redeunt Saturnia regna. *Virg.*

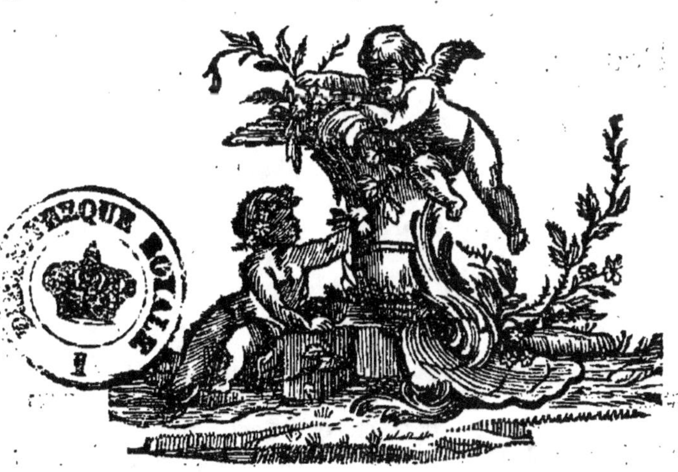

Au Temple de Mémoire.

1775.

ACTEURS.

LE ROI.

LA REINE.

HENRI LE GRAND.

PRINCES du Sang. Ministres & Magistrats connus.

Suite de la REINE.

Personnages Allégoriques & Pantomimes.

Le Peuple.

☞ ON a pris le parti de marquer avec des Lettres Initiales les Pauses qui doivent être remplies par une Musique analogue, pour éviter les répétitions. La Scene s'ouvre comme celle de Pygmalion.

LE COURONNEMENT D'UN ROI.

Au moment qu'on leve le Rideau, tous les Personnages Allégoriques doivent être placés ; mais de façon que le Roi puisse aller de l'un à l'autre.

Le Théatre représente une Salle magnifiquement décorée. On y voit une Couronne placée sur une Table couverte d'un Tapis de velours céleste, parsemé de Fleurs de Lys d'or.

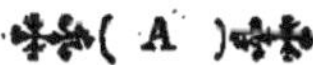

SCENE PREMIERE.

LE ROI. FLATTERIE. FANTOME sans nom. FAUSSE GLOIRE. VOLUPTÉ. DESPOTISME, Personnages Pantomimes & Allégoriques.

LE ROI

fixe la Couronne & paroît s'en occuper.

LA naissance la donne, mais elle n'est due qu'à la vertu. Qu'ai-je fait pour la mériter ? . . . .

(B)

(*Après un moment de ſilence, on entend derrriere le Théatre crier :* Vive le Roi! . . . . .)

Ces acclamations me pénetrent. Quand pourrai-je dire c'eſt un tribut qu'on paie à mes bienfaits? Vois, Louis, quel eſpoir on oſe déja concevoir de ton regne? . . . . . Ce bon Peuple ſera-t-il trompé? . . . . Si tu n'es qu'un Roi vulgaire, un ſilence affreux ſuccédera bientôt à ces cris d'allégreſſe. Ils ne s'éléveront plus que vers ton Succeſſeur & ton nom aujourd'hui ſi cher tombera dans l'oubli. On ſe ſouvient peu d'une belle Aurore, quand le Soleil ſe couche, ſans nous avoir fait ſentir ſes rayons bienfaiſants.

(C)

(*On entend encore crier :* Vive le Roi!)

O mes Enfants, je ne ſuis encore que votre Roi; Mais je veux être plus! . . . . . je veux être votre Pere. . . . . Être ſuprême, dont la puiſſance infinie ne peut ſurpaſſer la bonté, toi dont je dois être ici-bas l'image, vois les ſentiments qui m'animent & daigne entendre les vœux que mon cœur oſe former. Le bonheur d'un peuple tel que celui qui m'eſt confié n'eſt pas un objet indigne de tes regards.

Mais que me ſervira d'être bon, ſi tous ceux qui m'entourent ſont corrompus? . . . . . des intentions pures ſont-elles toujours à l'abri de la ſéduction? . . . . N'a-t-on pas vu ſous les meilleurs Rois des Citoyens vertueux gémir dans les fers & prêts à devenir les victimes de la tyrannie ? . . . .

❀(D)❀

(*L U X E, premier Personnage.*

Un Colosse richement vêtu attire les regards du Roi : ce Colosse doit être placé à côté d'un Trône d'or, relevé par tout ce qu'il y a de plus éclatant, mais dont les degrés sont formés d'un groupe de malheureux couverts de haillons, qui lancent vers ce Trône des regards où se peint le désespoir.)

Quel est ce Colosse ? son front est le siége de l'impudence : le crime se peint jusques dans ses regards. Ce Spectre est-il fait pour être auprès de ma personne ? . . . .

(*Le Colosse montre le Trône au* ROI *& semble l'inviter à y monter.*)

Mais approchons du Trône qu'il ose me montrer. . . . . . Quelle richesse ! . . . . . Quelle magnificence ! . . . . Les yeux sont éblouis de l'éclat qui l'environne. Celui de Crésus étoit moins brillant.

(LE ROI *jette les yeux aux pieds du Trône.*)

Ciel que vois-je ! . . . Quel prestige un spectacle aussi touchant ne doit-il pas dissiper ? . . . Peuples infortunés, voilà donc où vous réduit le luxe de vos Rois ! Ce n'est donc qu'en vous écrasant qu'ils peuvent monter sur le Trône odieux que leur éleve la fausse grandeur

(LE ROI *prend plusieurs Edits que le Colosse lui présente.*)

Encore des Impôts ! . . . . . .

(*Il les déchire & les jette à la figure du Colosse.*)

Va, Monstre affamé d'or, va porter aux Enfers tes horribles présents. Loin de songer à lever de nouveaux Impôts, je voudrois qu'il me fût possible de les abolir tous.

(E)

(*FLATTERIE, second Personnage.*

Un Courtisan dans la posture la plus humble montre au Prince la place qu'on lui destine dans l'Olympe.)

Que me veut ce Pygmée rampant ? . . (*ironiquement.*) Eh ! vraiment la chose est importante, il ne s'agit rien moins que d'une place qu'on me destine à côté de Jupiter ! . . . (*avec indignation*) Est-ce ainsi qu'on flatte les Rois ? . .

(LE ROI *prend le Flatteur & lui fait faire une pirouette, ce qui découvre un malheureux un Placet à la main que ce Courtisan avoit caché jusqu'à ce moment. Le* ROI *releve le malheureux & prend avec bonté son Placet.*)

Le cruel ! . . . . . . Il me plaçoit parmi les Dieux, de peur que je ne fusse un homme. . . . (*avec tristesse.*) Autour de moi je ne vois que des vices, quand paroîtra-t-il des vertus ? . . . . .

❀(F)❀

(*FANTOME SANS NOM, troisieme Personnage.*

Un Fantôme noir, tient de la main droite un glaive & de l'autre distribue à un groupe d'aveugles de petites Balances de bois, dans lesquelles se trouve un morceau de pain. Aux pieds du Fantôme sont jettées les vraies Balances de la Justice à côté du Code.)

A qui s'adresse ce noir Fantôme ? . . . Qui l'a décoré des attributs de la Justice ? . . . .

(*En s'avançant pour présenter le Glaive au* ROI, *le Fantôme marche sur le Code qui est à ses pieds. Le* ROI *releve le Code avec vivacité, & fait chanceler le Fantôme.*) . . . . .

Quoi, malheureux ! tu foules aux pieds, ce qui doit inspirer du respect aux Rois mêmes. C'est par les Loix que je veux régner & non par la terreur.

(LE ROI *frappe sur le poignet du Fantôme & lui fait tomber le Glaive des mains.*)

Va, perfide, ce dépôt sacré, à la fois la sauvegarde des Rois & la sûreté des Citoyens, sera remis en des mains plus fideles & qui sauront mieux le garder.

(LE ROI *regarde le groupe d'Aveugles.*)

Sont-ce là tes Ministres ? . . . .

(LE ROI *distribue le pain aux Aveugles, & brise les Balances.*)

Allez. . . Je ne me sers point d'Aveugles;

mais je les plains & leur donne du pain.

❋(G)❋

(*FAUSSE GLOIRE, quatrieme Perſonnage.*

La Victoire tient dans une main une couronne de Laurier, & de l'autre, montre des Sceptres & des couronnes enchaînés à ſes pieds.)

Jamais ce Laurier ne couronnera ma tête, s'il faut donner des chaînes pour le mériter. J'ai déjà trop de ſujets ſous mon empire s'il en eſt un ſeul malheureux. . . J'envie peu la gloire d'Alexandre. Il n'eſt point de victoires qui vaillent le ſang qu'elles font couler. . . . . .

(*vivement.*)

Mais s'il faut combattre pour la défenſe de ma Patrie, s'il faut me dévouer pour le bonheur de mes chers Français, Athènes ne ſe flattera pas ſeule d'avoir trouvé un Codrus.

❋(H)❋

(*VOLUPTÉ, cinquieme Perſonnage.*

La Volupté paroît ſous les traits les plus ſéduiſants, conduite par un vieil Eſclave couronné de myrtes. Elle tient dans ſes mains des chaînes couvertes d'une Guirlande de fleurs.)

A quel deſſein cette jeune beauté fixe-t-elle ſur moi ſes regards ? Eſt-ce encore un piége qu'on tend à ma jeuneſſe ? Non. . . d'auſſi beaux traits ne peuvent être ceux du vice. . . . C'eſt une grace ſans doute qu'elle vient me demander.

Osons approcher d'une femme ! . . . son Conducteur m'est pourtant bien suspect. Si c'étoit. . . . Mais s'annonceroit-elle avec tant de modestie ! Lui verroit-on ce timide embarras si convenable à son sexe ? . . . . Elle rougit : elle n'en est que plus belle. L'incarnat de la pudeur est le fard de la vertu.

Est-ce à moi qu'elle destine cette Guirlande ? Ces présents sont aussi simples qu'elle.

(*Elle présente la guirlande.*)

J'accepte avec plaisir les fleurs que vous m'offrez . . . . . O ciel ! . . . . Ce sont des chaînes ! . . . C'est à tes esclaves à les porter. . .

(*Il les jette au cou de l'Esclave de la Volupté, qui doit être à genoux & l'enchaîne.*)

Je vois le projet horrible formé par le plus vil des hommes. . . . . Retirez-vous, . . . & n'infectez pas jusqu'à l'air que je respire.

(I)

(*DESPOTISME, sixième & dernier Personnage.*

Un homme cuirassé de bronze, le casque en tête, un Sceptre de fer à la main, montre au ROI *un Trône de fer fort élevé, mais si étroit vers sa base qu'à peine peut-il se soutenir : les pieds de ce Trône sont de bois, un groupe de malheureux le ronge pour le renverser.*)

Ce Trône affreux n'est pas fait pour moi. . . .

(*En le touchant le* Roi *le fait chanceler.*)

Il faut être un Tyran pour oser y monter.

(*Il jette les yeux sur le groupe.*)

Quel Roi éclairé par ce spectacle, voudroit ceindre son front du bandeau du Despotime?

(*L'homme cuirassé se retire.*)

Il ne fait que me prévenir; mais je lui sais gré de sa retraite, c'est un hommage tacite qu'il rend à ma vertu. Il sent que mon cœur n'est pas disposé à écouter ses principes odieux. Il voit que je veux régner sur un Peuple libre, & non sur des Esclaves.

(K)

On entend un coup de Tonnerre, les Trônes se brisent & les Personnages disparoissent.

Le Théatre représente l'entrée du Temple de Mémoire : à la porte doit être le Tems armé de sa Faux, &c. On le suppose ici Portier de ce Temple.

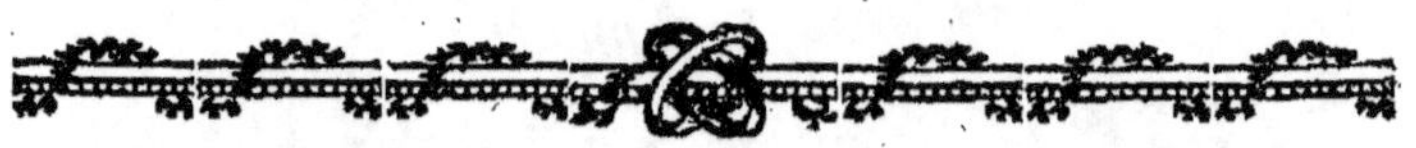

SCENE SECONDE.

LE ROI. HENRI LE GRAND.

HENRI, *sortant du Temple de Mémoire.*

Vive Dieu, les Français ont un Roi.

LE ROI *à part.*

Qu'entends-je ?... que vois-je ?... l'esprit & le cœur rempli de ce Héros ! mes sens jusqu'à ce point peuvent-ils être séduits ?.... mais.... c'est lui !.... Je ne me trompe point.

(*à Henri.*)

Génie tutélaire de la Nation, vous dont le nom seul porte dans le cœur Français les douces impressions du bonheur ; Henri ! quel miracle heureux pour nous vous rappelle en ces lieux !....

HENRI.

Vos vertus..... O ! mon Fils, quelles victoires vous avez remportées ! Les monstres domptés par Hercule étoient plus faciles à vaincre que ceux dont votre courage a triomphé. Oui, c'est ainsi que j'eusse voulu commencer, si je n'avois pas eu mon Royaume à conquérir.

LE ROI.

S'il est dans mon cœur quelque étincelle du feu divin qui embrasa le vôtre, je le dois à l'envie de vous ressembler. Que je suis loin du modele que j'ai osé me proposer !....

HENRI.

Je vois avec plaisir que vous le surpasserez. Votre cœur aussi bon que le mien, ne sera jamais aussi foible. Plein d'un objet que le Ciel forma pour votre bonheur, vous serez & plus sage & plus heureux que moi.

LE ROI.

Si les Valois, si les Médicis eussent ressemblé à celle qui occupe aujourd'hui leur Trône, jamais on eût vu Henri porter à d'autres ses hommages....

HENRI.

Excuser dans les autres des foiblesses qu'on ne voudroit pas se pardonner à soi-même ! C'est l'héroïsme de la vertu. Recevez, mon Fils, la Couronne que mérite la vôtre.

(*Il lui présente la Couronne qui étoit sur la Table.*)

LE ROI *la recevant.*

M'apprendrez-vous à la porter ?

HENRI.

Votre sagesse a prévenu mes leçons. Tant que vous penserez que les intérêts de votre Peuple sont les vôtres, mes conseils vous seront peu nécessaires, & si vous cessiez d'en être persuadé, ils vous deviendroient inutiles. Adieu, mon Fils.

LE ROI.

Vous m'abandonnez, & quand j'ai le plus besoin de vous. Ah ! daignez m'éclairer sur le choix des Sages que je dois associer à mes travaux ! Aidez-moi à trouver un Sully.

HENRI.

Bientôt vous connoîtrez ceux qui doivent approcher du Trône... Quels hommes vont l'entourer ! . . . Mais le Temple de Mémoire s'ouvre, il faut que je vous quitte.

LE ROI.

Que ne puis-je vous suivre ! . . .

HENRI.

C'est le séjour des grands hommes. Il doit un jour être le vôtre, mon cher Fils : n'oubliez jamais que c'est au Temps, que c'est à ce Vieillard à vous y placer.

(L)

Les portes du Temple se referment. On entend un coup de tonnerre plus violent que la premiere fois. La décoration change. Le Théatre représente un Palais. Dans le fond doit être un Trône, avec tous les ornements de la Royauté.

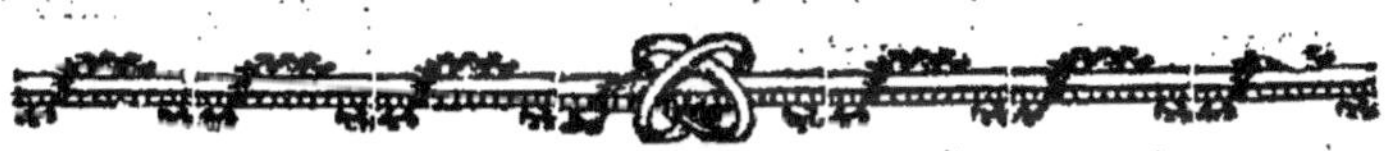

SCENE TROISIEME.

LE ROI. PRINCES DU SANG.

Les Princes font quelques pas vers le Roi, puis s'arrêtent.

LE ROI.

PAROISSEZ, Princes de mon Sang, paroissez ; mon Regne sera le vôtre .... C'est à mes côtés que vous devez être, pour me servir de rempart contre la flatterie & l'adulation. Votre conduite seule est une leçon pour les Rois, & je veux toujours l'avoir devant les yeux. Qu'il m'est doux de lire dans les vôtres le bonheur de mon Peuple !

Penthievre, celui des Bretons dépend de votre présence & de celle d'une Princesse (1) qui embellit ma Cour. Allez partager leurs hommages. Qu'ils perdent en vous voyant, jusqu'au souvenir de leurs malheurs. Votre absence va me séparer d'un Prince qui m'est cher, la Reine sera privée d'une Amie ; mais quel sacrifice ne ferions-nous pas pour le bonheur de nos Sujets !

SCENE DERNIERE.

LE ROI. LA REINE. PRINCES DU SANG. Suite de la REINE. Ministres & Magistrats connus. Le Peuple.

Les Ministres & les Magistrats paroissent à la tête du Peuple. Ceux qui composent le Peuple doivent avoir chacun une Palme à la main.

LE ROI.

Je demandois un Sully & le Ciel m'en envoie.... Approchez, les Amis de mon Peuple, vous êtes aussi les miens.

(*Les Ministres, les Magistrats & le Peuple s'avancent. La Reine & sa suite restent auprès du Trône.*)

(1) Ceux qui ont eu le bonheur de voir Son Altesse Sérénissime Madame la Princesse de Lamballe, ne demanderont pas quelle est la Princesse dont il est ici question.

LE ROI *au premier Magistrat.*

Généreux Défenseur des Loix, vous qui pour elles sacrifiâtes les honneurs, la fortune & la liberté ! s'il n'est point de place au dessus de vos talents, il en est une au moins digne de votre constance & de votre fermeté.... Soyez à la tête de la Magistrature qu'on vouloit avilir, qu'elle vous doive son nouvel éclat, & que les Compagnons de vos malheurs sortent enfin de leur exil. Assez, & trop long-temps, mon Peuple souffre de leur absence. J'accorde leur rappel au cri de la Nation, à celui de mon cœur.

PREMIER MAGISTRAT.

J'admire le plan que votre sagesse a tracé. Qu'il est glorieux pour un Ministre d'assurer le bonheur de ses Concitoyens, en secondant les vues de son Roi.

(*Pendant la réponse du premier Magistrat, le Roi prend une palme qu'un homme du Peuple lui présente.*)

LE ROI *au second Magistrat.*

Et vous, intrépide Vieillard; vous, qui avez pensé prouver à la Nation consternée, qu'on pouvoit être trop vertueux; recevez ce laurier des mains de votre Roi. Il seroit jaloux du triomphe qui vous attend, s'il n'avoit pas le bonheur d'y contribuer.

(*A tous.*)

Vous pouvez me suivre : des hommes comme

vous ne ſont jamais trop près du Trône... Mais quels objets l'environnent!... C'eſt le brillant cortege des vertus, c'eſt celui de la Reine.

(*En s'avançant vers la Reine.*)

Venez, Madame, venez jouir de votre ouvrage; venez voir un Peuple ſenſible ſe livrer à l'eſpoir que lui donne mon regne. Je ne puis mieux juſtifier la joie qui le tranſporte, qu'en plaçant à mes côtés la Bienfaiſance ſur le Trône.

(*Le Roi donne la main à la Reine. Ils montent enſemble ſur le Trône.*)

LA REINE.

Le bonheur de ce Peuple eſt votre ſeul ouvrage; mais le vôtre me regarde, il ſera tout le mien.

LE PEUPLE.

Vive le Roi! vive le Roi!

(N)

LE ROI.

Vive mon Peuple! Vive mon Peuple! Si je le laiſſe heureux, quelle que ſoit ma carriere, j'aurai aſſez vécu.

VAUDEVILLE

Sur l'Air de celui qui termine le Déserteur.

LE PREMIER MAGISTRAT *au Peuple.*

« OUBLIEZ jusqu'à la trace
» D'un malheur peu fait pour nous ».
Éprouvés par la disgrace,
Notre sort en est plus doux.

LE PEUPLE.

Oublions jusqu'à la trace, &c.

UN HUISSIER EN ROBE.

Louis ~~Le Roi~~ par sa bienfaisance
Nous offre un second Henri,
Et dans son Conseil la France
Retrouve plus d'un Sully.
Sous lui regne la Justice,
Le Sénat nous est rendu.
De par le Roi, que le vice
Fasse place à la vertu.

LE PEUPLE.

Oublions, &c.

UN BERGER.

De notre ROI, ma Bergere,
Sais-tu ce qu'on dit ici ?

LA BERGERE.

Dans lui nous avons un Pere,
J'ai pensé dire un Ami.

Ensemble.

Nous reverrons au Village
Les Jeux, les Ris, les Amours.
Lise, / Colin, C'est après l'orage,
Qu'on sent le prix des beaux jours.

LE PEUPLE.

Oublions, &c.

UN BRETON.

Chalotais par sa présence,

Va finir tous nos malheurs.
Il paroît, & l'innocence
N'a plus de persécuteurs.
Pour les amis de sa gloire
Est-il un instant plus doux ? . . . .
Quel heureux jour ! sa victoire
Est un triomphe pour tous.

LE SECOND MAGISTRAT.

Oubliez jusqu'à la trace, &c.

LE PEUPLE.

Oublions, &c.

UN AUTRE BRETON.

Que PENTHIEVRE & la PRINCESSE
Jouissent de leurs succès.
Citoyens, notre allégresse
Est le prix de leurs bienfaits.
Mais, trop heureux que nous sommes,
Nous comblons aussi leurs vœux.
Amis, le bonheur des hommes
Doit faire celui des Dieux.

LE PEUPLE.

Oublions jusqu'à la trace
D'un malheur peu fait pour nous.
Éprouvés par la disgrace,
Notre sort en est plus doux.
Vive le Roi ! Vive le Roi !
Vive à jamais, Vive le Roi !

FIN.

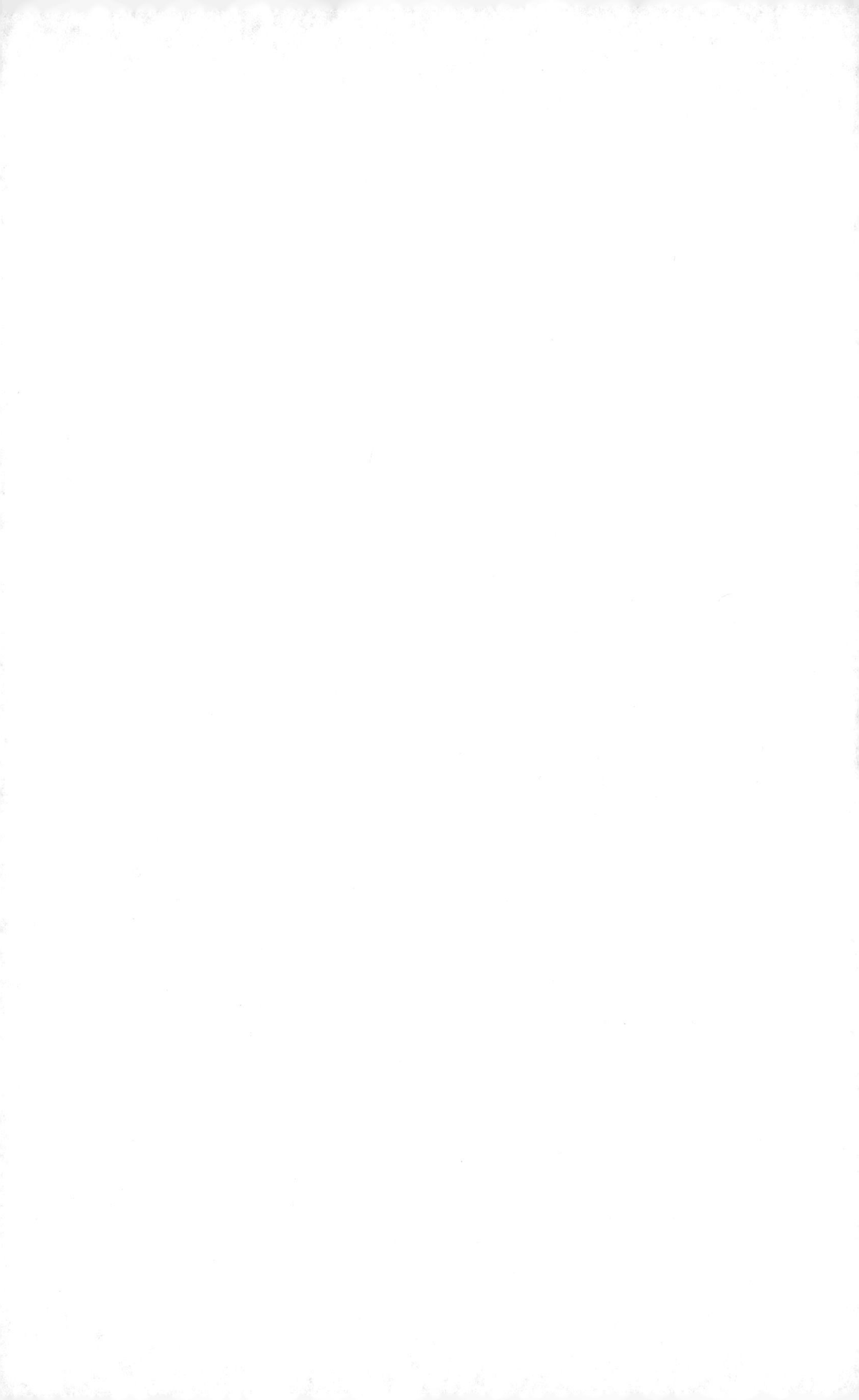

www.ingramcontent.com/pod-product-compliance
Lightning Source LLC
LaVergne TN
LVHW020635110826
845149LV00004B/1204

* 9 7 8 2 0 1 9 2 6 4 1 2 3 *